凯斯·约翰斯通的即兴剧场运动会™指南

 International Theatresports Institute

国际即兴剧场运动会协会（ITI）2017年版

215 – 36 Avenue NE, Unit 6 | Calgary, AB | T2E 2L4 | CANADA

Copyright © 2017 ITI

此指南为 ITI 成员免费提供。
非 ITI 成员亦可索取。

此指南不可作为或替代为有表演权的证明。
没有表演权的读者若希望表演即兴剧场运动会™，应来信向我们申请：
admin@theatresports.org.

翻译：曾诚、舟柏、洪益娟、吴效贤、宋孟璇、林晏瑜、黄炜翔、赵怀玉
版面设计： Dagmar Bauer konzipiert & gestaltet, Stuttgart, Germany
插图由fotolia.com提供

封面照片：
Teatro A Molla – 意大利,博洛尼亚
由Gianluca Zaniboni提供

下一页照片：
Loose Moose Theatre – 加拿大,卡尔加里
由Breanna Kennedy提供

# 目录

**8  簡介**
8   关于本指南
9   凯斯·约翰斯通 (Keith Johnstone)
10  资料
10  国际剧场竞技学院
    (The International Theatresports™ Institute)

**12 即兴剧场运动会™的背景**
12  什么是即兴剧场运动会™？
12  即兴剧场运动会™的起源
13  即兴剧场运动会™的全球热潮
15  即兴剧场运动会™的目标
15  内容

**16 重要概念**
16  开始前须知
16  精神
17  失败
18  团队精神
18  不当行为
19  技巧
20  术语

**22 我们开始吧**
22  窥探即兴剧场运动会™的奥秘
22  快速入门
23  即兴剧场运动会™基础必备
23  即兴剧场运动会™演出
24  10分钟竞赛
25  自由即兴创作
25  丹麦游戏
26  常规挑战赛
27  多样化

**28 即兴剧场运动会™细节**
28  灾难不可避免
28  演出开场
29  播报员
29  比赛
30  队伍
30  队伍入场
31  队伍入座
31  离开舞台
32  裁判
33  裁判入场
33  魔鬼裁判
34  喇叭
37  篮子
37  积分与计分卡
38  公平性
38  挑战
41  颁奖
41  Keith的建议

**42 注意细节**
42  舞台设计
43  笔记
44  游戏列表

**46 总结**
46  结语
46  更多资料

# 简介

## 关于本指南

希望本指南能为你提供有用的资料,并激发你组织参与即兴剧场运动会™。

本指南为刚刚起步的团队提供帮助,为刚接触的初学者指引正确的方向,为资深团队审视自己的发展阶段。

你可以在此了解到即兴剧场运动会™的历史、所需的技巧、概念背后的精神与理论、结构及其组成部分,以及如何将它们组合的实用信息。通过阅读的过程,你会发现凯斯·约翰斯通的语录、可能会激发你的小组讨论意见的建议,以及有趣的Theatresports™笔记,可以帮助您成功并愉快地演出Theatresports™.

本指南的大部分资料来自凯斯·约翰斯通的课堂、简报、他的著作《Impro For Storytellers》中有关即兴剧场运动会™的部分,以及他的访谈。其他资料及评论则来自跟凯斯共事四十余载的资深即兴剧场运动会™创作者。他们中的一些人或曾担任国际即兴剧场运动会协会 (ITI) 董事会成员。

虽然指南中有些关于即兴的见解,但本指南主要关注即兴剧场运动会。我们鼓励您跟资深导师继续学习构建即兴技能,或通过凯斯·约翰斯通以下作品学习:

### 书籍
《IMPRO Improvisation and the Theatre》(已译成多国语言)
《IMPRO for STORYTELLERS》
http://www.keithjohnstone.com/writing/
http://theatresports.com/keiths-books/

### DVD
《Impro Transformations》
《Trance Masks》
keithjohnstone.com/video/
theatresports.com/dvds-on-keith/

### 工作坊
凯斯·约翰斯通10天夏令营
keithjohnstone.com
Loose Moose即兴剧场国际夏季学院
loosemoose.com
ITI导师列表
theatresports.com/teachers/
ITI成员列表 (部分有训练项目)
theatresports.org/our-members/

享受你的即兴剧场运动会™之旅,愿你在其中找到自1977年以来全球成千上万人在其中发现的乐趣,灵感和无限潜能。.

ITI — Inspire The Improviser!

Vancouver Theatresports – 加拿大(1982年左右)

你知道吗?……
除南极洲外,即兴剧场运动会™已遍布世界各大洲逾60个国家!

> 凯斯·约翰斯通
>
> 作为一位即兴演员,你并不是一直试图去追求成功,而是在冒险中寻找奇迹。
>
> 别尽力只做好你自己,而是要尽力让其他人看起来很棒,这样你才是真的很棒
>
> 犯错,并保持开心。

## 凯斯·约翰斯通

凯斯·约翰斯通生于1933年的英国德文郡。他长大后对学校感到失望,发现学校使他的想象力变得迟钝。皇家宫廷剧院(Royal Court Theatre)委托他制作一部戏剧,1956年至1966年,他一直在剧院工作,担任过剧评人,导演和戏剧老师,最后以副导演身份结束。在他的课堂上,他开始质疑学校教育对他的想象力影响的限制,对老师的授课进行逆向思考,试图创造更多自发性的剧场演员。据说凯斯就是在这段时间建立了一系列的即兴创作训练,以帮助编剧克服灵感匮乏的问题,并开发了一系列即兴演习让演员更自发地工作。他在60年代成立了即兴团队The Theatre Machine,并在欧洲及北美巡演,并于1967年受加拿大政府邀请在世界博览会上演出。70年代移居加拿大艾伯塔省卡尔加里,并于1977年合伙成立Loose Moose即兴剧场公司。

凯斯发明了Impro System(即兴系统)及即兴演出形式,例如大猩猩剧场™(Gorilla Theatre™)、大师赛™(Maestro Impro™)、生活游戏(Life Game)及即兴剧场运动会™(Theatresports™)。他是卡尔加里大学的名誉教授。他的著作《IMPRO》和《Impro for Storytellers》在德国的销量超过斯坦尼斯拉夫斯基。他也是儿童剧作家,亦写过多部在欧洲、北美、非洲和拉美上演的成人短剧、长剧。

由Steve Jarand提供

史丹福大学收藏了大量Keith Johnstone的作品,包括剧作原稿,文章,信件,剧场资料,日志及作品等。具体而言,包括了《Impro》和《Impro for Storytellers》开篇的草稿(包括有关即兴剧场运动会™的早期文章及草稿)、一些凯斯的原稿及信件(包括Del Close、Peter Coyote、Samuel Beckett、Harold Pinter、Anthony Stirling、皇家宫廷剧院同事及Theatre Machine成员等寄给凯斯的信)。也包括许多凯斯早期的短篇故事和文件,有他在皇家宫廷剧院、Theatre Machine和Loose Mosse剧场时的剪报、剧评、剧目、照片、信件、插画及海报。

## *简介

### 资料

**自传资料**
《Keith Johnstone – A Critical Biography》
作者 Theresa Robbins Dudeck
**凯斯·约翰斯通资料**
有关「Keith Johnstone Papers」或 Johnstone 作品的疑问，可与其Keith Johnstone 的作品执行人 Theresa Robbins Dudeck 联络。
trdudeck@gmail.com
theresarobbinsdudeck.com

凯斯·约翰斯通

这是一出戏 (play)，而你演出 (playing)，你是个演员 (player)。好好想想。

### 国际即兴剧场运动会协会（ITI）

国际即兴剧场运动会协会 (ITI) 成立于1998年。凯斯约翰斯通成立这个机构的目的是要保存即兴剧场™这个演出形式，ITI由不同团体及独立成员组成，大家对分享凯斯·约翰斯通作品充满热情。
ITI的任务是
1. 发扬世界上最正统的凯斯·约翰斯通剧场形式：即兴剧场运动会™、大猩猩剧场™ 和大师赛™。
2. 为成员创造有活力、参与度高、乐于分享的社群

任何想演出即兴剧场运动会™、大猩猩剧场™和大师赛™中一种或几种形式的组织，只要申请并被认可有条件演出即可获得表演权。版权费非常便宜，对经济落后地区更有特别待遇。学校也须获得授权，但不需要支付费用。ITI负责执照审批并向许可组织提供和提升即兴剧的学习资源。所有表演权的收入将被用来运营ITI和支持ITI的会员。凯斯·约翰斯通总是拒绝从即兴剧场运动会™版权费中收取一分钱。所有的即兴剧场运动会™版权费将用来发展和服务于ITI及其注册组织。

ITI很乐意为您解答有关凯斯作品的疑问，包括即兴技术、游戏及即兴剧场运动会™的运用。欢迎联络我们：
admin@theatresports.org

即兴剧场运动会™是第一个可国际化交流的即兴形式。全球各地的剧团可通过即兴剧场运动会™进行交流。
Randy Dixon – Unexpected Productions
美国，西雅图

勇气即兴剧场，台北，台湾，吴效贤摄影

# 即兴剧场运动会™背景

## 什么是即兴剧场运动会™？

Improguise – 南非，开普敦
由Candice von Litzenberg提供

即兴剧场运动会™是由凯斯·约翰斯通创作的一种基于剧场的即兴艺术形式。它能同时娱乐并教育表演者和观众。表面上看，这种"剧场竞赛"与专业摔跤比赛无异。在观众面前，参加者看似都对胜利志在必得，但大家内心都渴望通过自发技巧、故事讲述及互相支持的表演，创造一个动态的、有趣的剧场之夜。即兴剧场运动会™能将欢笑、泪水、运动场上的尖叫与紧张期待混杂在一起，去引导和娱乐观众。

## 即兴剧场运动会™起源

Loose Moose剧场
加拿大，卡尔加里
（1981年左右）
由Deborah Iozzi提供

Loose Moose剧场
加拿大，卡尔加里
（1981年左右）
由Deborah Iozzi提供

凯斯·约翰斯通《Impro For Storytellers》第1–2页

即兴剧场运动会™的灵感源自美国职业摔角。整个竞技在戏院屏幕前举行，大家都卖力演出，落力表现对胜利的渴求。在此之前，根本没有人相信这种表现形式会出现。摔跤是我见过唯一一种劳动阶级剧场表演。这种表演所带动的兴奋，喝采是我一直希望在「一般」剧场表演得到的，而且观众的全情投入是我渴望的，也是在"所谓的"剧场里想实现却没有实现的。

我们幻想用即兴表演演员代替摔角手，然而这个"天方夜谭"实在难以实现，因为台上的每个字、每个动作都必须获得尊敬的宫务大臣的许可。

尴尬的是，苏联人对我们缺乏自由深表同情。

我那时公开教授喜剧，宫务大臣勉为其难地为喜剧开条缝，但即兴剧场运动会™——一种即兴演员组队竞赛的形式——依旧不能因为其"教育属性"而公开演出。直到我搬到加拿大之前，这还是只是我用来活跃即兴课堂气氛的工具。

## 即兴剧场运动会™的全球热潮

1950年年代后期，凯斯在皇家宫廷剧院的课堂中尝试探索即兴剧场的根本，并在1960年年代带领自己的剧团The Theatre Machine于欧洲各地进行实验性表演。我们现在所认识的即兴剧场™在1977年年由一群大学生首次公演，这群大学生其后于加拿大卡尔加里成立Loose Moose Theatre Company即兴剧场。其后，即兴剧场运动会™迅速成为潮流！观众对自己的所见所闻感到无比震撼，大胆的表演者在舞台上紧张的氛围中如履薄冰还完成了表演。整个剧场沸腾，门票迅加仑售罄。这种全新的演出形式有口皆碑，即兴剧场运动会™的公司如雨后春笋般冒出。凯斯的名声及授课让这种演出形式的发展更上一层楼。

很快，Loose Moose剧场接待了一大批来自世界各地想要进一步了解凯斯和即兴剧场运动会™的人。当中很多人将即兴剧场运动会™带回自己的国家并将热潮延续下去。

由于这种形式迅速且狂热地传播，制止了不少问题……

> 凯斯·约翰斯通《Impro For Storytellers》第23页
> 当看那些没有或极少与我接触的人表演即兴剧场运动会™时，你就像在看一个山寨品的山寨品的山寨品，而且每山寨一次，它就变得"更安全"，也更愚蠢。

鉴于教学传统大多是口耳相传，这些变体的出现，很多时候是因为错误翻译或者缺少资料。他们追求新奇，做出的选择都是让事情更容易。他们选择的结果往往减少了失败的风险，这却是凯斯体系的关键部分。少了风险，也失去了这种形式的创造力。

例如，一些变体的共性是：
- 将场景替换成大量的游戏
- 更多地关注于竞赛却不关注剧场和故事
- 去掉了喇叭
- 让裁判穿上愚蠢的戏服或给他们角色，成为娱乐观众的一部分

个体在面对失败的冒险、叙事和支持性演出是即兴剧场运动会™和约翰斯通即兴体系重要的元素。那些改变了即兴剧场运动会™的即兴风格的人，可能没有意识到他们在削弱其魅力。这是可以理解的，因为他们往往很难找到学习资料，更别说探讨关键问题"为什么"以及"怎么做"。

本指南旨在帮助回答这些问题，并为理解即兴剧场运动会™基本概念提供帮助。我们希望这些资料能够激励不同经验的团队和个人，回到直抵创造性目标的最初路上。

> **即兴创作并不合法？！**
> **难以置信**
> **但事实如此！**
> 英国的剧场表演都受到审查
> 公开即兴表演是非法的，
> 因为根本没有剧本可供审查
> 至今仍有一些即兴团体在处理政府的审查问题。

## 即兴剧场运动会™背景

当我教竞赛演出时,我总是以拔河或没有字尾"S"的游戏作为开始。舞台上开展竞赛,往往减少了即兴演员间的冲突。

Jeff Gladstone – Vancouver Theatrsports,加拿大

凯斯·约翰斯通

Theatresports™可以更有趣,有时比山寨版更有意义。这一切都是因为说故事的重要性讲故事和自然地表达观点都需要技巧。基于观众的建议在舞台上玩游戏没什么了不起的,而且表演者和观众最终都不会对此满意。

### 澳大利亚轶事

当我们第一次玩Theatresports™时,训练很有意义,但表演就不那么有趣了。他们未能克服人类实际参与竞争的欲望,不是尽可能地创造出最佳表演,而是作为演出整体的一部分。裁判没有"少说两句"的概念,来作为支持大局的一部分;播报员还用了演出的大半时间来介绍团队和场景。然后,新鲜劲过去后,观众就不那么感兴趣了。观众人数少了,我们意识到团队需要做些改变。

最后,我们得到了适当的指导和培训,以弥补理论和实践的鸿沟。我们开始理解与观众的关系,以及一些保持多样性和探索的策略。新人和老手在演出中也有了表演空间,在这种形式下他们表演得都很棒……而且我们能在一次演出中表演两倍多的游戏。

我们的演员比起过去更加倍地爱上演出。每年我们的演出季,观众人数都番倍。对了,我们有自己的本土怪癖,现在它有了更坚实的基础。

Nick Byrne – Impro ACT,堪培拉

### 你知道吗?

随着即兴剧场运动会™的爆发,"即兴剧场运动会™"先于"即兴表演"传播开。在许多地方,"即兴剧场运动会™"仍被用来代指"即兴表演"。但不是所有的即兴表演都是即兴剧场运动会™。"即兴表演"是"即兴剧场运动会™"中所使用的技能。

烈火劇場,加拿大艾德蒙頓
攝影/馬克·朱立安·歐比修斯
由 Marc Julien Objois 提供

悠遊麋鹿劇場,加拿大卡加利
攝影/凱特·威爾
由 Kate Ware 提供

特爾古穆列國家劇場,羅馬尼亞
攝影/克麗斯汀娜·甘賀
由 Christina Ganj 提供

## 即兴剧场运动会™ 带来的好处

凯斯·约翰斯通《Impro For Storytellers》第24页

即兴剧场运动会™可以：
- 降低被他人注目所带来的恐惧；
- 将"呆板"的人变成"精彩"的人（即"消极的"人变成"积极的"人）；
- 改善人际关系，鼓励人与人互动的终生学习；
- 提升各方面的"功能运作"（就像可治百病的蛇油）；
- 建立讲故事的能力（大多数人误以为这个能力没那么重要）；
- 让学员熟悉剧场的骨与肉，体验一场演出生成的过程；
- 将舞台回归给演员们；
- 与其让观众坐在那，脑中想着自己的精采点子并让它们成为回家路上的话题，即兴剧场运动会™允许观众当下直接参与，甚至上台与表演者一起即兴。

BATS，美国，旧金山　由Stephanie Pool提供

在过去几十年，即兴剧场运动会™和即兴表演相关的技巧，在训练演员和非演员的社交互动、团队驱动力、创造性思维、公开演讲和领导力等方面的能力，已成为非常有用的工具。它培养了写/讲故事和沟通的信心与技能；加强了合作和团队建设的能力。它让人明白，接受错误和失败是有必要的，这是学习过程中的重要一环；从而让人减少对风险的焦虑，在自我探索中更自由。它训练演员去运用直觉，去质疑权威，做出强有力的选择，情绪反应，先做再合理化等等。

把你的自大留在家里。
Shawn Kinley
Loose Moose剧场
加拿大，卡尔加里

## 内容

对即兴剧场运动会™常见的，也可被理解的误解是，把演出重心放在表演即兴剧游戏上。实际上，一场即兴剧场运动会™的演出里，可能只有几个，或甚至完全没有游戏。即兴剧表演课程通常会透过一系列在即兴剧场运动会™的演出中所出现的游戏来进行教学，因此，聚焦在游戏上确实是可被理解的。事实上，即兴剧场运动会™是一个以运动赛事为元素的即兴剧场之夜，能为观众创造出带有活力的说故事氛围。游戏是为了多样性而加入的，并不是演出的主要内容。那些曾与凯斯合作或受凯斯影响的团队往往会加入戏剧元素，有将面具和木偶般上即兴舞台的，也有探索诸如肢体的、小丑的和真实情感等元素的，还有专注于历史、宗教、社会时事的。即兴剧场运动会™正在创造一种不同的戏剧形式。

即兴是跳火圈，–而且大家都爱看别人玩火。
Antonio Vulpio
Teatro A Molla，意大利，博洛尼亚

# 重要概念

## 开始前须知

如果你从培养即兴技能和正确的精神来切入这种形式，学习即兴剧场运动会™将会是更丰富的体验。演员需要学习接受彼此的点子，并同时创造故事。彼此的点子能应用在游戏或场景里；是故事的地基。想要安全是人类的天性，这也是为什么演员都是保护自己的专家，他们不让故事发展，也不让其他角色/即兴演员控制自己。即使是一头以哑剧表演方式创造出来的狮子，即兴演员通常也会用"你先来"来回应"把你的头放到它嘴里"。

想要马上演出的愿望很强烈，我们也鼓励你去演出，但建议你先读完本指南其他部分，咨询ITI导师，并直接阅读凯斯·约翰斯通的著作。这对于理解每场演出的内容安排以及如何在即兴剧场运动会™的表演中设计出有助于整体演出的项目都很有帮助。

## 精神

凯斯的作品是一种风格独特的即兴剧技巧与表演。作品的基础来自于理解其精神。

"精神"包括：
· 好玩
· 支持你的伙伴并珍视他们的点子
· 勇于承担风险，大胆
· 诚实与脆弱
· 积极
· 失败——学习优雅地、善意地面对失败
· 团队合作
· 不当行为

让我们深入探讨最后三项……

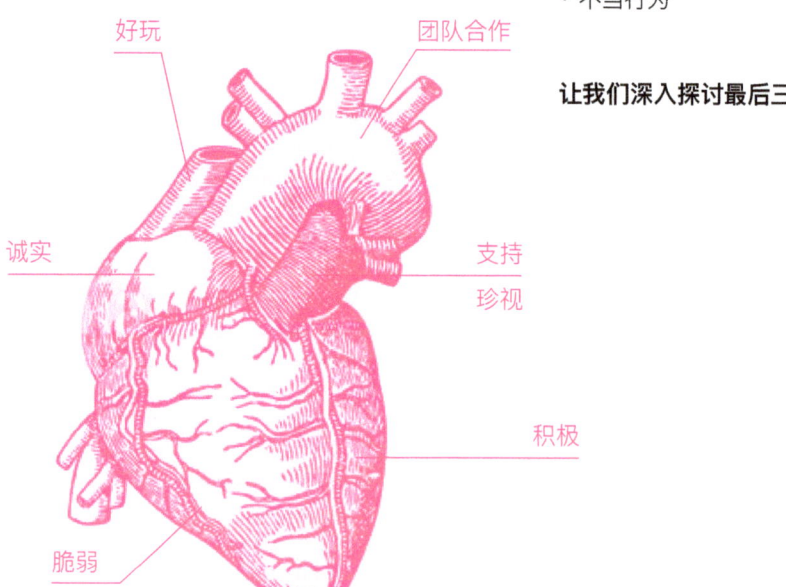

# 失败

我们社会中,失败是一个充满评判和压力的概念。然而我们知道,我们是通过失败学习的;为了承担风险,我们需要做好会失败的准备。为了让即兴演员更自由地表演,他们必须拥抱失败、面对风险。这会让我们有机会给观众呈现一场很特别的创作:

> 凯斯·约翰斯通《Theatresports™ and Lifegame Newsletter》创刊号,1989年
>
> 在凯斯教学的一开始,学生必须被训练在失败时不要皱眉,不要收紧肌肉,不要流汗或呻吟或看起来受苦。没人会付钱看那些,那些我们家里就有。
> 失败应该是任何游戏的重要组成部分,也是展示你的慷慨和善良的一个机会。失败并保持快乐,观众就会认为你可爱迷人:他们会想拥抱你,请你喝东西。愁容满面,怒气冲冲的,你就会被认为是可恶的、自负的、自我中心的和没有运动家精神。我曾见过我完全不想跟他共处一室的温网冠军;没有幽默感和态度恶劣在网球运动中无妨,但这样在剧场里就是灾难。剧场里的胜负不那么重要,重要的是观众能否度过一段美好的时光,能否放松、尽情享受,能否让观众爱上并欣赏表演者。

一个无所畏惧,善良的即兴演员,他可以通过满地鳄鱼的坑,和地狱之火后,摇摇晃晃地走出来,观众眼中闪烁着欢乐的光芒,因为即兴演员没有被那一幕击败,他们和一般会被这一切给埋葬的普通人不同。

凯斯·约翰斯通《Theatresports™ and Lifegame Newsletter》创刊号,1989年

我曾经以为应该努力阻止学生失败——我以为可以通过选择正确的具体素材并以小步骤的推进来实现。如今,我认为更重要的是,教他们学会处理失败时的痛苦。我让学生们责备老师,大笑,永远不要展现出想更费力去试的决心。
观众喜欢看到失败,但他们不喜欢看到表演者惩罚自己。
为什么很少有人能理解失败的价值,是因为它通常会导致可怕的自我惩罚,这无关学习(肌肉紧张可能会使学习变得更加困难),而且纯粹是防御性的。

Theater Anundpfirsich,
瑞士,苏黎世
由Mike Hamm提供

我从即兴剧场运动会™中学到的是自在的与失败共处。特别是即兴剧场运动会™里失败机会特别多。它给你勇气。
**Collin Mocherie**

※ 重要概念

➡ **团队精神**

即兴剧场运动会™就是团队合作。有趣的是，大部分人都以为这是不同团队的竞赛。实际上，真正的团队包括全体演员、技术员、志愿上台者和观众。真正在对抗的是沉闷、安全和平庸。真正的优胜者将获得乐趣、热情以及深刻而正面的回忆。即兴技巧都是基于团队合作的，我们接纳并支持彼此的点子，因此我们才可能承担创造性的风险。所有的游戏形式被创造出来，都基于支持彼此的原则，不可能因为是竞赛式的演出，我们就抛弃了这个精神。当一个团队在一个短篇游戏当中拒绝帮助竞争对手时，他们可能会赢下一个回合，但最终会毁了整场即兴演出。这不是关于你个人的荣耀，而是专注于与他人合作，带给观众一场精彩的演出。当一个团队跳出来帮助对方的团队助演时，观众会得到一种善意的体验。当观众因为演出的好质量而每周都回来看演出，演员就从整个团队的成功当中获得回馈。

Picnic Improvisación Teatral
哥伦比亚，波哥大
📷 由Romina Cruz提供

➡ **不当行为**

与凯斯所强调的即兴精神有关，他总是鼓励演员在即兴剧场运动会™的形式中放进一定比例的不当行为。他想让观众每周都可以看到即兴演员就像是有点不受控的"从笼里放出来的，快乐且善良的动物"。只要这些不当行为都是符合即兴剧场运动会™的良好精神，就可以连同玩乐，一起加进演出经验中。

除了那些自大的人，没有人有兴趣看台上的演员展现恶劣的态度，例如为了某一回合的评分数去打压他人或开启严肃的争辩。不当行为不能妨碍演出进行，它必须加进演出经验里。以下举出一些具启发性的不当行为。

一个演员发微博说裁判很漂亮，或一直帮裁判们拍照，以此"拖延比赛"。
即兴演员（不断地）坚持他们的剧团同事（不是他们自己）应该有幸能够上台参与下一个短篇。
其中一个团队在场边开始不相干的场景，试图只为一小部分观众演出造反的节目。

凯斯·约翰斯通《Impro For Storytellers》第20页

如果不当行为的概念被清楚地传达，每个人都会变得更加大胆。它被使用的最佳时机是用 来填补冷场。若刻意避免它，则你们的演出将会少了一味特色。

# 技巧

这不少见,很多即兴团队或许学习了过度简化的即兴技巧。比如:"总说是的,从不说不。"接受建议确实是个关键因素,然而这不仅仅是说"是的"这么简单。我们训练彼此多接受是为了鼓励彼此支持彼此,因此演员可以毫不畏惧他人评判地承担创造性的风险。一旦这样的精神已经就位,我们就必须转而关注如何把下列这些即兴技巧用进故事里,为观众创作。这些技能,诸如在当下、勇于承担创造性风险、赞颂失败、放下控制、完全接纳和支持其他人,都在我们的日常生活中被压抑着。因此,我们需要时间去发展并保持这些精神。

如果你想取笑你的对手队伍,请表现的像是自己都笑到快憋不住的模样。
Nils Petter Morland
Det Andre Teatret,挪威,奥斯陆

凯斯·约翰斯通

不要尽全力做到最好,因为它会瞬间招来怯场。当你看到经验丰富的即兴演员(或登山者)尽力做到最好时,那是因为他们遇到了麻烦。

以下是一些《Impro For Storytellers》中有关即兴的基本技巧及相关游戏/练习:

## 自发性/当下的时刻:

我们害怕被评判,渴望被喜欢,这让我们一直在脑中搜寻下一步该做什么。作为即兴演员,我们需要训练如何在当下;否则,我们就不会看到或听到正在发生的事情,无法诚实地做出反应,也无法与伙伴合作。

- 张大眼睛 第205–206页
- 情绪音 第268–270页
- 情绪目标 第184–185页
- 抢帽子 第156–161页
- 咒语 第270–274页
- 三明治 第236–237页

## 放弃控制

也与恐惧有关,我们试图控制我们的身心,然后发现我们失去了真实的情绪和放松的身体。某些设计来让即兴演员以不同方式练习"不负责任"的活动,有助于释放这种恐惧。

- 拔河 第57–58页
- 单字故事接龙 第114–115、131–134、329页
- 异口同声 第171–177页
- 他说她说(舞台指示) 第195–199页
- 火星电影(同步) 第171–178页
- 偶戏 第200–202页

## 身体语言

说得太多并解释我们的感受和欲望,是即兴时最主要会出现的一种典型防御措施。另一种选择是使用肢体语言,改成用身体讲故事,取代用我们的智力讲故事。

- 姿势合理化 第193–195页
- 火星话 第185–186、214–219页
- 改变身体形象 第276–277页
- 以人为物 第303–304页
- 站坐躺 第366–367页

## 地位

地位与人际关系是相应的。我们每时每刻都在用地位发展或搞砸关系,地位可以揭露戏剧性和关系中的迷人之处。

- 各种地位练习 第219–231页
- 主人/仆人 第240–241页
- 做鬼脸 第162–168页
- 啄食顺序 第168页

## 叙事

强大的说故事能力,即提供即兴演员所需的工具,为观众创造一个有趣的即兴之夜,不必完全依赖游戏、机智笑话和插科打诨。在观众眼中一切都是故事,我们必须明白,并懂得如何孕育并发展这些故事。

- 各种故事游戏 第130-154页
- 然后呢? 第134-142页
- 打字游戏 第151-154页
- 单字故事接龙 第114-115、131-134、329页

在即兴中,演员因为想避免危险或未知的发展,结果却毁掉故事,是一个自然反应。导演和教练需要意识到什么时候是在避免推进故事,要鼓励演员勇往直前。

### 加拿大轶事

 Roman Danylo在演出结束前的最终回合,演出了死亡故事(DIE GAME),游戏规则是故事中必须要有人死掉,而这个一回合将会决定今晚哪队获胜。在未能继续推进故事的情况下,他表演独自被一辆汽车撞死。对手随后跑上舞台,给他做了紧急手术,把他的衣服撑一撑,然后送他上路。接下来的5分钟里,观众一直在笑,Roman持续要结束生命,而双方的其他演员则持续挽救他的生命。没有人记得当晚是哪一队获胜了,只记得这个压轴的演出。

肖恩·金利,卡尔加里

## 术语

多年来,凯斯开发了一套术语来指出即兴演员如何毁掉故事和抗拒学习。

下面是凯斯的简报中的摘录,用小红帽的故事举例来说明这些术语:

演出应该呈现出生活的各个层面。
**Nadine Antler**
**Steife Brise, Hamburg,**
德国,汉堡

Keith Johnstone《Theatresports™ and Lifegame Newsletter》创刊号,1989年

**解除危机:**
当小红帽正要离开家,奶奶打来电话时说:"不要来。"

**偏题:**
她提着一篮饼干出发,中途停下来向河里扔石头。不久,一艘木筏出现了,她跳了上去……之类(任何除了遇到狼被吃掉故事结束以外的剧情)

**想要成为原创:**
(也可以是一种"偏题")小红帽发现有个灰色的东西在林中移动,就在那一刻,时间扭曲,她回到十六世纪……

**含糊其辞:**
通常拒绝定义清楚,例如:小红帽在森林里遇到了一个大的、巨型的、毛茸茸的、灰色的、友好的……动物……。(我发誓即兴演员会用这种方式毁掉故事的地基:拒绝定义清楚他们正在与甚么东西互动)。

**产生冲突:**
(用于停下戏剧动作)"奶奶你的牙齿这么大?""我的牙齿有什么问题?"
"这个嘛,他们很大!"
"让我看看镜子。我的牙齿好得很。""它们很丑。"
"神经病。"
之类。

**产生突如其来的大麻烦/冲突:**
小红帽走出前门,狼过来把她吞了。

**玩游戏(进行任何彼此都同意的活动):**
小红帽到了小屋,和奶奶打了一下午乒乓球。

**回避:**
"现在你知道奶奶过得并不好,她一个人住。 我劝过她,但她不听。她得了关节炎,很难照顾自己……"之类。妈妈可能永远都不会把篮子交给小红帽。

**闲聊:**
"你还记得那天我让你送盒饼干给奶奶吗?"
"记得呀,我还遇到狼了!"
"没错,那是我们把它的头挂在壁炉上之前的事。"
"我告诉他他的牙齿很大。"
"然后他把你吞了下去。水开了,我要去泡阿华田。"
"在他肚子里见到奶奶真是太可怕了。"

**拒绝:**
"小女孩,你要去看你的奶奶吗?""我没有奶奶!"

**消极:**
"最好让我吃了你!"
"哦,如果你一定要吃,好吧。天呐!狼好无聊。"(这个回应也是一个插科打诨)

**插科打诨:**
(见上文)小红帽是个跆拳道黑带选手,在房间里把狼摔来摔去。也就是说,她避免了麻烦。

你可能会发现,所有上述这些技巧(或许除了插科打诨之外)都可以用来增强故事而不是毁掉它。通常很容易分辨即兴演员是不是有在叙事,而且很容易透过练习来修正他。

勇气即兴剧场,台北,台湾,陈音锜摄影

> 无论输赢,观众才是你的终极关注点。一个好的、自然的、戏剧性失败好过让观众难过到伤了自尊心。当观众赢了,你也不会输。
> **Shawn Kinley**
> **Loose Moose剧场**
> **加拿大,卡尔加里**

Teatrul National Gargu Mures, 罗马尼亚 由Christina Ganj提供

# 我们开始吧

## 窥探即兴剧场运动会™的奥秘

Keith Johnstone《Impro For Storytellers》第6-7页

比如，学生在即兴场景中瞎扯，并没有在注意对手（因为如果他们听见他人说甚么，就不得不改变自己脑中的剧本）。
你可以告诉学生，第一个说出台词里面有"你"字的人就算输。例如：
"早上好，爸爸。"
"Joan，你昨晚很晚回来！"
爸爸输了（因为他用了"你"）。当然，如果他一直在注意，他可以这样说：
"Joan，昨晚……呃……半夜才回来！"
如果把学生分成两队，每局胜者加5分，他们会更喜欢这个游戏。
他们已经在玩即兴剧场运动会™中的一种形式了。

再多玩一点游戏。先扼杀掉点子的人就算输。例如："你好像喘不过气来。跑来的吗？"
"我哮喘……"
说哮喘的输了，因为他扼杀了跑过来这个点子。
或再加一个游戏，如果你说的对白不是问句的话，就算输。—"你想审问我？"
"你是嫌疑犯，不是吗？"
"我可以坐下吗？"
"那是我的椅子。"嫌疑犯赢了。

## 快速入门

### 如何在第一堂课上介绍即兴剧场运动会™

1. 不要提及即兴剧场运动会™。
2. 不妨以竞赛游戏开始 – 抢帽游戏很不错。
3. 建议把他们分两队 – 每队三至四人。
4. 如果玩到第三回合还是很好玩，那就加一个裁判。
5. 加一个播报员。
6. 告诉他们，他们正在玩简化版的即兴剧场运动会™。
7. 请两队队长分别挑选三至四名选手。任命一位记分员和三名裁判。（最后）
8. 让这些队伍挑战彼此任何事情（由裁判决定）；例如，主仆场景，或"印度摔跤"，或最可怕的场景等等。
9. 鼓励旁观者为自己的团队打气，并释放巨大的热情。
10. 给每个裁判一套1到5分的计分卡，和一个自行车用的喇叭，他们可以用喇叭结束无聊的场景。
11. 稍后你可以给播报员一个麦克风，你还可以指定"技术人员"（负责音响及灯光的即兴演员）和"舞台设计"。

如果你逐一介绍这些，学生们会觉得他们自己创造了这个游戏。理想情况下，竞争会激发想要提升即兴技巧的动力，而老师则成为渴望习得技巧的学生的资源，这是最佳的教学情况。

Impro Now
澳大利亚，阿德莱
由Tracey Davis提供

## 即兴剧场运动会™基础必备

即兴演员
三位裁判
- 一枚硬币
- 喇叭 – 详见第34页
- 人头大的篮子 – 详见第37页
- 一套计分卡。卡片够大,最后一排观众都看得清,卡片两面分别都有1、2、3、4、5。

一位播报员
司仪/主席/赛事总监
- 一个麦克风 (如有必要)

记分员
- 记分板
- 笔或粉笔或可粘贴的数字

表演空间
- 舞台,最好有后台及出入口
- 参赛队伍落座区和裁判席
- 表演中可能用到的家具、服装、道具及布景 – 详见第42页

灯控师
- 可调灯光 (如果设备允许)

音控师/音乐家
- 音响设备/电脑和/或乐器

不需要一个完美的开始。犯些错误。

舒舒服服地开始演出。
与人连结,好过盲目兴奋。
Shawn Kinley
Loose Moose剧院,
加拿大,卡尔加里

凯斯·约翰斯通

## 即兴剧场运动会™演出

**Keith描述了一个典型的游戏 (1980年左右)。**

Keith Johnstone《Impro For Storytellers》第2-3页

即兴剧场运动会™在Loose Moose剧场

星期天晚上8点2分,爆米花的香味告诉你,你正身处于某个很大众主义的地方。开场音乐奏下,当追踪灯穿越观众们的头顶上时,他们欢呼了起来!随后,灯光聚焦在播报员身上,他站在观众席右侧前方的那个高高挂起的记分板前。

播报员欢迎观众的到来并暖场,他或她可能会问观众:"告诉身旁的陌生人你最讨厌的蔬菜"或"告诉别人你从来没有告诉任何人的秘密!"或"拥抱离你最近的陌生人。"(我很惊讶观众竟然愿意相互拥抱。)……播报员现在成为一个无形的声音,能舒缓任何困难,提出更好的观点。这个声音可以发表简单评论,但不介入演出,并以几句话串起各个段落:"我们能嘘一下法官吗?"评论员说。 这是要给观众权利(以便之后他们想嘘)。

三位长袍的裁判穿过舞台,坐在被观众围绕的裁判席上。 他们的脖子上挂着喇叭(这些是用来让无聊的演员离开舞台的"救命喇叭")。 他们十分认真,这工作比只出一张嘴嘘人的人还来的不那么好玩。

典型的播报员可能会这样介绍:"我们两队新秀演员将上演十分钟的擂台赛。掌声欢迎Aardvarks……"

三四名即兴演员从演员席跳到台上。当他们走过舞台,我们可以清楚地看到他们。"现在,掌声欢迎Bad Billys!"两队都应该是一整队入场,而不是一个一个,即没有"明星"(太炫耀)。

## 10分钟竞赛

The Court Theatre – 纽西兰，基督城
由Rachel Sears提供

10分钟竞赛是一种适合新手参与的简短挑战。播报员必须强调参与10分钟竞赛的是新手。这样观众就会调整自己的期待，减少演员的压力。

**10分钟竞赛的好处：**
它为新手提供了一种短时间、安全而可控的上场经验。对所有演员来说，经验是最好的导师。
这降低了观众的期望值，因为一般来说，新手演员的演出无法与有20多年经验的演员做比较。
它也让观众明白，即兴表演并非想象中的简单。
同时可确保演出渐入佳境。

竞赛游戏可以是对新手相当有帮助的由裁判提出挑战的竞赛，也可以是有更多说明的挑战赛。

> 像运动员一样行动，
> 像即兴者一样思考。
> Nils Petter Morland
> Det Andre Teatret,
> 挪威，奥斯陆

Keith Johnstone《Impro For Storytellers》第3-5页

播报员说："有请裁判和两队队长到舞台中间。"
然后抛硬币决定谁先挑战，猜对硬币的人也许会故做善意地说："你来选第一项挑战吧。"
演员来到"敌队区"，并说："我们Aardvarks，挑战你们Bad Billys，演出最近电影中最精彩的一幕！"（或其他）。"乐意奉陪！"对手表示。

每队都会即兴表演他们的"电影"场景（挑战者先开始），裁判会举起1到5分的计分卡评分：5分最好，1分最差，喇叭响起则表示"麻烦你下场"。挑战一个接一个，直到时间结束。

有时候会有"一对一"的挑战，两队各派演员出来合作演出———可能是"一对一的爱情故事，比拼真诚度"（一对一挑战可能涉及好几名演员）。可以挑战任何事情（取决于裁判的喜好）。例如，布鲁斯·麦卡洛克（Bruce McCulloch）的挑战是"在我的头浸在一桶水的时长内完成最出色的一场戏"。

团队用默剧、火星话、诗或歌等，为故事带来更多变化，而即兴音效师会提供雷声、爆炸声、蓝草音乐、"萨满曲（The Ride of the Valkyries）"、摇滚、"糖果仙子之舞（The Dance of the Sugar Plum Fairy）"，或"吸血鬼音乐"，或爱情主题，或是冲厕所的声音，或其他合适的音效。

初学者游戏完之后，通常会有一个15分钟，由即兴剧教练带领的自由即兴创作（正如我60年代在Theatre Machine一样）。

## 自由即兴创作

凯斯·约翰斯通

> 尤其是针对那些没能力组团的即兴演员的课程,让他们掌握取悦观众的秘诀——那些技巧——有时会是整晚表演最有趣的部分。(原因很简单:这就是一个课堂,如果演员懂了,观众自然也懂了,至少当他们看到指令时会明白)

自由即兴创作课的带领者身兼工作坊导师和动物管理员双重身份。演员都是渴望上台的猴子。(有时需要费点力才能控制住他们)切记,当带领者问"我需要两个演员上台"时,看到5个人抢着上台你去掉3个,好过冷冷清清,你还得去求他们上台。你展示的态度将反映到观众的感受。"害怕和紧张"还是"好玩和愉快"?

**自由即兴创作可能包括:**
- 拒绝和接受的例子 – 以及热情如何影响演出。
- 从态度练习让学员知道,当即兴演员对其他角色都有强烈态度时会多么有趣。(见《Impro For Storytellers》第233页)
- 地位练习
- 面具演出
- 做一些不常比赛的练习,比如:手放膝盖上,做鬼脸,一起说"是!",异口同声等等。

自由即兴创作能增强年轻演员的自信。但它不是每晚都要用,搞得好像它是演出剧本的一部分一样。把它作为一个辅助工具,让观众和演员都受益。你可能会惊讶地发现,当观众掌握参与演出的窍门,他们就会相当投入。

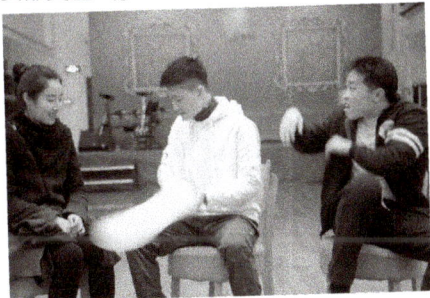

北京马马虎虎文化传播有限公司 中国
由曾诚提供

> 允许观众诚实。

凯斯·约翰斯通

## 丹麦游戏

凯斯建议,由于丹麦游戏容易安排和掌握,不妨以丹麦游戏开始训练。

Keith Johnstone《Impro For Storytellers》第4–5页

> 自由即兴创作之后通常会跟随一个丹麦游戏(这个游戏是我在丹麦发明的,那时我们想强调即兴剧场运动会™的国际性)。
> 裁判离开后,赛事总监会解释惩罚篮子的用法(如果还没用过),并告诉观众,每个挑战后他们需要大声喊出他们觉得演的最好的队伍名字。然后邀请观众尽情大叫。
>
> 有些细心的即兴剧场运动会™团队会请观众举起色板表示心仪的队伍,但这比尽情大喊队伍名字看起来要胆小得多。

## 我们开始吧

→ 在每一组挑战之后,播报员会提醒观众他们刚才演了什么(因为笑会干扰短期记忆)。"你是更喜欢刽子手与囚犯私奔的爱情故事?还是那个看门大爷挥泪诀别他的扫帚的故事?请决定。一!二!三!"

获奖者获得5分,并提出新的挑战。有时需要观众再叫一次,可能得分别喊队名,但即使我们有一个测分贝的仪器之类的工具也不会用。大家一起大声喊叫能制造更好的氛围。

每个队伍的名字应该有同样的音节,不然,当观众喊叫队伍名称时,音节较长的队伍会占优势。这个游戏不鼓励观众欢呼或吹口哨,因为这会让听清楚演员的每个选择变得困难。

丹麦游戏的调解员(监察员)跟整个节目的播报员并不是同一人,调解员将会独立负责解释丹麦游戏的规则以及主持投票,他们也会负责按无聊喇叭以及执行篮子的惩罚。播报员留在他们原来的位子上,在计分版旁透过麦克风播报分数、解释游戏的各项元素,同时也会介绍与感谢每个队伍以及调解员。

凯斯·约翰斯通

消除风险、竞争和失败,你就不是在玩"运动会"的即兴剧场运动会™了。

### 常规挑战赛

Loose Moose剧院 – 加拿大,卡尔加里
由Deborah Iozzi提供

常规挑战赛是由其中一队发起挑战,然后两队分别以这个挑战进行演出
第一队挑战第二队。
提出挑战的那队先演出。
第一队演出挑战。
另一队坐在台下,并不时给予反应(不要分散舞台的注意力),这样让表演更丰富。
第一队评分时间。
第二队演出挑战,评分。
然后,第二队挑战第一队。同样的,发起挑战的那队先演。

比赛继续进行。
裁判会以一个好场景作为结尾。也就是说,整个游戏时间是有弹性的。
演出以宣布胜利队伍结束,两队像传统体育队伍一样握手,并挥手向观众致意,最后播报员祝大家晚安。

Keith Johnstone《Impro For Storytellers》第5-6页

我们的观众最晚十点钟就离场了。如果演出顺利,你会觉得你在看着一群善良、不怕失败的人合作而成的演出。能加入这样的团队感觉很疗愈,可以一起大叫,一起欢呼,甚至上台演出。
运气好的话,你会感觉到,你参加了一场精彩的派对;精彩的派对不需要酒精,而是在于正面的互动。

## 多样化

在即兴剧场运动会™的演出中,多样化非常重要。正如马戏表演中在死亡飞车前有一个杂耍,或莎士比亚在最黑暗的悲剧中加入了喜剧人物,即兴演员也需力求多样化。

即兴演员需要注意自己所增加的多样性,因为演员下意识里会遵循惯有模式,导致整场演出的内容、主题或节奏都相近。

**不妨用以下方式寻找多样性:**
- 场景的长度 – 如果一队演出时间很长的故事,用一个短时间的故事回应。
- 舞台上的演员数量 – 如果一队有一个独角戏,不妨以多人场景回应
- 视觉效果 – 如果一队使用空白舞台,不妨在场景中使用家具或灯光,或去观众席表演
- 内容 – 如果一队是爱情场景,不要重复爱情了
- 质感 – 如果一队的场景热闹,接下来就安静、简单、缓慢、戏剧性或沉默
- 不要致力于每个场景都搞笑,重点在讲故事

Keith Johnstone《Impro For Storytellers》第9–10页

Aardvarks跳上台表演他们的场景。
"等等!"我说,"另一队就是这样出场的。难道没有其他方式来表达好的天性和好玩吗?"
他们感到不解。
"祝你的队友好运。和他们握手。假装他们是拳击手,你是他们的副手。递毛巾给他们。貌拟把牙套放他们嘴里。称呼他们'不败的赢家'。让他们签名留念。顺着另一队演不能传递善意、勇气、情感和趣味!"
"但是裁判不会倒计时赶我们吗?"
"我反倒希望如此(任何事情都可以增加多样性),如果他们这么做,就开始游戏吧!"
裁判只会在演出过慢的时候才倒计时。这种情况不常发生。
在欧洲,所有观众在每个场景前为演员倒数。他们应该在裁判这么做的时候才一起做。有时,团队需要多于5秒钟,而他们也没在浪费时间。
他们即将演出主仆故事。
"等等。舞台上有张桌子和两把椅子,但都是之前的布景。何不在空荡荡的舞台上演出?或者把其他人都拉上来?为什么不邀请观众上台,让他们参与这场嘉年华。"
他们移走家具,队友则无聊地坐在台下。
"哇!快去协助你的伙伴(即使他们是另一队的人)。这就是剧场,而非商场、工厂,大家都应该为'让伙伴发光'的目标而奋斗。"
Aardvarks开始演出。
"'等等!'"
"又怎么了?"
"另一个场景是在一座城堡里,这个也是。为什么不是两个灯塔守卫打高尔夫?或者天使在给上帝按摩?除非他们演得很糟糕,否则永远不要重复其他人的演出,你可以说:'我们会告诉你他们那个场景该怎么演!'"

# 即兴剧场运动会™细节

## 灾难是不可避免的

Keith Johnstone《Impro For Storytellers》第12页

第一次公开演出的团队都会很谦卑,看起来脆弱不堪,观众通常会很同情他们。下一次,或再一次,他们就会骄傲地跳上台,观众就会想:"他们觉得自己很有意思?我倒要看看!"然后,荣耀变成灰烬。初学者要学会在傲慢和谦卑之间找到平衡,就像学骑自行车会摔倒一样。

在观众面前演出很重要。在冒险之前,请不要有任何躲藏或企图做到完美。那些不断排练直到技术娴熟的团体,很少冒险公开演出;这实在可惜,因为你在无情的陌生人面前比在宽容的朋友面前学得更快。

凯斯·约翰斯通

我们现在需要一个糟糕的场景。

社会价值观崇尚完美、成功、安全。即兴剧场运动会™崇尚值自发性、失败、冒险。
**Patti Stiles**
Impro Melbourne,澳大利亚

## 演出开场

### 热烈开场?

有些团队认为,为了让观众打起精神,需要在他们的演出开始前热闹一下,制造一个充满兴奋和能量的盛大开场。

这样做可能会破坏你的即兴表演,因为:
- 会导致演员因为担心辜负了这个开场而感到压力和焦虑
- 使得观众对当晚接下来的即兴演出抱有很高的不切实际的期待,这使得空旷的舞台看起来更空洞
- 带给观众压迫感,使得他们不敢自告奋勇地参与互动
- 造成一种创意竞赛的比赛氛围。有时候观众会感到他们需要提出建议以不辜负这场演出。而盛大的开场将阻止观众提出诚实、简单或真实的建议。若观众离开时感到整晚的演出一开始比结尾要好,或者让他们被虚假的热情耗尽了精力,那他们就再也不会来了。

因此不妨播报员来欢迎观众,创造一个积极的可以让即兴演员上台冒险的支持性的氛围。

Keith Johnstone

大多数团队不了解他们有多求胜心切。

## 播报员

相对于主持人或司仪,这是一个较妥当的称谓,因为即兴剧场运动会并不被任何人"主持"。他们的职责是介绍、解释、维持节目的效率与提供犹如运动播报员般的见解。他们坐在一旁和计分版在一起,透过麦克风说话。如果可能的话,计分版最好可以有一个单独的灯光可以开和关,当分数被更新时,播报员可以随时播报。他们负责节目的开场与谢幕,并且在整个节目中以声音引导每个流程,就如一场足球或拳击赛一样。

播报员的职责是:
- 有魅力,又有效率
- 说明演出流程,让观众能够放松享受
- 介绍演员和裁判
- 衔接演出环节
- 若有必要的话,问"下一个是哪一支队伍挑战"来帮助选手和裁判按流程演出。
- 宣读每个演出的得分,以防观众看不清裁判的计分牌
- 向观众解释演出中的元素
  比如:"若表演很无聊,裁判就会按喇叭,以示演员要马上下台。但这段表演还是会被计分。"

最重要的是,播报员不能为了搞笑或吸引注意力而成了选手的对手。

Loose Moose剧院
加拿大,卡尔加里
由Kate Ware提供

**Keith Johnstone《Impro For Storytellers》第 9页**

如果一段表演结束后裁判迟迟没有评分,此时播报员应该怎么做呢?"让他们快一点?"这有点太高姿态了。"那么裁判给出的分数是……"如果还没反应,给一些提示,悄悄地说"裁判正在花时间讨论"或者"观众们等得有点着急了"。永远不要用霸道或挑判的语言来表达。

## 比赛

**Keith Johnstone《Impro For Storytellers》第23页**

有些人(通常是狂热的运动迷)谴责即兴剧场运动会™,理由是它有竞争性。但事实上真正的剧院是鼓励竞争的,你可能不相信但我可以告诉你——即兴剧场运动会™可以引导嫉妒和自恋的初学者,教会他们带着善良的天性去游戏,并优雅地面对失败。

让参与者被评分的同时完全忽略分数的确有点困难,但为观众"表演"竞赛,并且意识到你和对手是共同努力为你们的观众呈现一场好戏是非常重要的。

**Keith Johnstone**

Loose Moose剧团的队伍一开始为了胜利不择手段,甚至不惜破坏别的队伍的演出。这是美式橄榄球的打法。即兴剧场运动会™因此变得刻薄而充满攻击性,观众也越来越少。最后我透过每周换不同的队伍来解决这个问题。虽然队伍依旧想赢,但演员不再为了所属队伍的荣誉只关注得分,开始享受表演本身的乐趣。于是,观众也慢慢被吸引回来。

即兴剧场运动会™细节

## 队伍

别太把比赛当回事,就像你跟朋友在玩桌游一样,挑战彼此并玩的开心就好。这将给彼此和观众都带来快乐,而不是"胜利",这很重要。
**Patti Stiles – Impro Melbourne, 澳大利亚**

即兴剧与其他类型的演出有些不同。即兴剧场运动会™的一个主旨就是,你的同伴无论在台上台下都会始终给你支持。互相照顾,让彼此表现得更好。若你不那么关注自我,你会变得无所畏惧,而每个人都会想与你合作。

Keith Johnstone

我参与过一场比赛,台下的队伍不停地上台,说是为了帮助其他队伍,他们告诉我"让每个人都上台是民主的表现"。不像在Loose Moose的队伍中有时会出现一名经验丰富的即兴演员以一敌四。
"难道你们的观众不爱看一个演员在台上孤军奋战并活到最后吗?"
"那样太抢眼了!"("抢眼"意味着炫耀)
但刺激的是看到一个人在众目睽睽之下,而毫无畏惧。小提琴独奏、魔术师或杂技演员不都是抢眼的吗!
傲慢的演员觉得如果他们在扮演配角,或者在板凳上等待,他们就失败了。于是他们跳上舞台去吸引注意力,无论是否需要。然而,世上的戏剧却多是基于两个人之间的场景。很难找到一个好的三人表演场景,因为第三个角色通常扮演着某种旁观者的角色,为什么即兴表演就要有所不同呢?
能让所有玩家参与的场景应该是意外收获,而不是必然的规则。

## 队伍入场

Keith Johnstone《Impro For Storytellers》第7–8页

Loose Moose剧院
加拿大,卡尔加里
由Kate Ware提供

有一次我在课上教即兴剧场运动会™,Fat Cats和Aardvarks在评论员的介绍声中上台亮相。
我打断道:"别七零八落的出场,时刻留心彼此,要看起来就明显是一个团队,而非单独行动。"
他们又试了一次。
"好多了!"我说,"不过你看起来有点紧张。"
再试。
"现在你看起来有点自大,还是第一次比较好。"
"所以我们到底该怎样?"
"持续想象观众比你期待的还要友善。
每次看向前方,都去体会一些兴奋紧张的感觉。不要去演,而只是体验并信任它。你积极的感受将会潜移默化的传递出去。"

我可能会要求他们想象整个星期都被关在一个装满木屑的箱子里,而现在是他们逃生的机会。
或者我会让他们入场时把眼睛缩的比正常小一点——这几乎肯定会让他们感到敌对——然后我会试试"反效果"。
"入场,但这次努力睁大你们的眼睛!"
睁大眼睛的学生们会对任何事情都持正面的态度,并释放巨大的能量。他们会看起来对周围的环境不那么恐惧,并且他们会停止评判自己。在生活中放下戒心会让你变得焦虑,但在舞台上放下戒心却会减少焦虑。

## 队伍入座

演员应该舒服地坐在舞台旁的长凳上以便不抢镜,
但又能离舞台足够近,以便很快上台帮助其他演
员。

Keith Johnstone《Impro For Storytellers》第3页

在Loose Moose剧院,队伍会坐在舞台附近两尺深的隐蔽演员席,但很多团队会强调他们的队伍,始终用聚光灯照亮他们,有时让他们面向观众坐在舞台的后方,迫使他们不得不持续保持笑容(这是典型的"游戏秀即兴剧场运动会™,即以播报员为主角,而表演者仅仅相当于电视上有奖节目的参与者。)

## 离场

Loose Moose剧院
加拿大,卡尔加里
由Breanna Kennedy提供

Keith Johnstone

演员完成演出后,应回到座位上。(有些演员想在演出结束后鞠躬谢幕,但因为观众一般在灯光变暗的时候就开始鼓掌了,所以鞠躬会拖慢整体进度。)

## 裁 判

Teatro a Molla - 意大利，博洛尼亚
由Gianluca Zaniboni提供

裁判并不是娱乐的一部分，相反，他们是演出中重要的组成部分，他们扮演着保护和支持演员，并提高比赛质量的角色。他们不只是裁判员。有裁判看顾的演员能承担更多的风险。如果你演得让观众感到无聊裁判会送你下场；如果你冒犯到观众他们会给予惩罚；在你分心的时候把你拉回来；必要时，他们会做出艰难的决定，从观众的角度来考虑，保护你，并让观众把演员看作是英雄。

Keith Johnstone

裁判是严厉的家长，而演员是"顽皮却本性善良"的孩子。

要成为这样的裁判，需要做到：
- 成为演员和观众可以挑战的权威人物
- 让演出更有效率更清晰
- 必要时进行讨论
- 督促演员更有效率地发起和接受挑战
- 在出现拖延时督促演员开始表演（如："演出倒计时开始 5-4-3-2-1"）
- 要求演员大点声
- 通过以下方式把平庸赶下舞台，以避免观众觉得无聊
  - 使用喇叭
  - 调暗灯光
  - 给出指引，如"现在给出个结局"或"30秒内结束这段表演。"
- 要时刻注意演出的内容和种类：
  - 提醒表演者需要注意的行为（脏话太多，场景变化太少，没有快速进入剧情，等等）
  - 给出"篮子"惩罚
- 为了让演出更好，裁判需要适时拒绝挑战。如，基于拒绝重复的原则"我们已经看过这个游戏了"，或者基于安全性的考虑"按照防火规范要求，舞台上不能有火。"

一个场景结束后，所有的裁判给出分数，1为最低分，5为最高分。
虽然裁判不分高低，但仍需要有一个主裁判，以增加权威感。由他/她主持抛硬币并进行最终裁定。

➲ **提示：** 裁判不应穿戴滑稽的服饰。这会削弱其在观众眼中的权威感，对着权威人物叫喊会带来更多乐趣。

Keith Johnstone

不应将裁判按不同职能进行划分，如叙事裁判，技术裁判和娱乐裁判。
我们做过这样的尝试但并不如愿，它要不被忽视，要不引起混乱。所以不要这样做。

## 裁判入场

裁判登场不应太抢戏或影响演出进度。所有裁判应该一起入场,同时播报员应该邀请观众一起"嘘"他们。这样可以营造一种允许观众自由地对权威评分作出娱乐性反应的氛围。裁判不应该表现出因为嘘声而受伤的感觉或行为。

Keith Johnstone《Impro For Storytellers》第8页

我让播报员说:"让我们一起"嘘"裁判吧!"发现有两名裁判穿过舞台走到他们的座位上的同时,第三个裁判直接走到了舞台中间来监督扔硬币。
"你们应该待在一起。"我说
"这样比较省时间啊。"
"但这样的话我们就会觉得裁判不是一个整体。"以一个整体穿过舞台,在观众起哄的时候待在裁判席上。然后播报员打断嘘声并说:"有请主裁判上场主持掷硬币!"(这个"主裁判"只是一个虚职,他并不能指挥另外两个裁判。)

担任裁判的演员无须担心观众是否"喜欢"他们。评审是一种需要学习的技能,演员们必须给予他们的伙伴在担任裁判使用喇叭时犯错的空间,并且相信他们会以正确的精神在演出中担任裁判。

一场好的演出是,当裁判按下喇叭时观众会作出反应。对于演员来说,观众嘘裁判总好过嘘演出。对于观众来说,能够对裁判表达一点情绪也好过表现沉默,因为没有人正在为舞台上的演出负责。

⊃ **提示:** 在彩排时玩国王游戏之类的游戏会有利于练习当裁判所需的素质。
(参见《Impro For Storytellers》第237页)

## 魔鬼裁判

裁判可以被训练成"魔鬼裁判"。这是一种让演员能够真实地回应观众需求的特殊方法。魔鬼裁判坐在观众观察不到的地方——通常坐在观众席后。他们的工作是观察是否所有观众都被表演所吸引,投入其中。因为台上的演员和坐在前排的裁判通常会很容易被前排观众的声音所影响。这会误导裁判,无法观察到观众整体的真实反应。

当魔鬼裁判发现大部分观众都对演出失去兴趣时,他们会按下一个按钮点亮主裁判面前观众看不到的一个小红灯。红灯亮起是观众开始无聊的强烈暗示,意味着裁判现在非常需要按响喇叭

魔鬼裁判的灯有助于帮助裁判保持他们的直觉与观众的感觉一致,并在他们不确定的时候给予其使用喇叭的许可。

Keith Johnstone《Impro For Storytellers》第67页

如果无法意识到"失败是所有游戏正常的一部分",即兴剧场运动会™将会是一个充满压力的活动。

即兴剧场
运动会™
细节

## 喇叭

喇叭，许多人称之为"对无聊的警告"，是Keith Johnstone的即兴剧场运动会™中最独特并且重要的元素之一。它也被称为"拯救的喇叭"，意味着一个帮助身在困顿中的演员脱险的工具。

想象一下，你站在舞台上感觉到心脏蹦蹦跳，正在进行的演出糟透了，你台下的同伴们都遮住双眼不忍直视你与正在下沉的这条船。如果按照传统剧院的规矩，这段演出会就这样拖着演完。最后观众会礼貌性地鼓掌，而你会从舞台上溜走同时你清楚的知道这是一场最糟的演出。

但……这是即兴剧场运动会™，不是传统剧场，当裁判觉得一段演出无聊了或者正在挣扎，且演员看起来出很紧张或不开心，他可以按下喇叭终结这一幕。

有了无聊喇叭，有了裁判担任"刻薄"的角色，演员得以不伤自尊地离开舞台，这样他们就可以再试一次。

Keith Johnstone《Impro For Storytellers》第4页

一如传统剧目，演出有可能沈闷，但"无聊警告"（一声拯救大家的喇叭音）会把任何乏味的情节删减掉。
但假如裁判"叭"掉了一幕所有人都很享受的演出，会引起群情激愤。

Teatro a Molla – 意大利，博洛尼亚
由Manuel Nibale提供

喇叭的存在，为演员们的冒险和新尝试提供了保护，因为如果效果不好裁判会帮他们收场。它也保证了观众不会看到无聊的剧情以及演员缺乏灵感的挣扎。如果裁判对观众喜欢的片段按了喇叭，观众会开始喊叫，而这将使整个空间充满能量，而且当裁判对你所爱的队伍给出不公平的判决时会看起来更像真正的运动比赛。

观众看到的是一种即使面对失败也能微笑和玩耍的特殊生物。他们自己做不到，但脆弱的即兴剧场运动会™的演员们可以。当这样奇妙的事情发生时，哪怕是失败都会让观众感到被娱乐。无论演员演得成功或失败，观众都会乐在其中，因为从他们自然的行为反应中，他们知道自己已经获得了允许。

Keith Johnstone《Impro For Storytellers》第16–18页

当一队收到"无聊警告"时，他们必须结束演出并下台（它实际上不是一个"警告"而是真的要下台，但起码比被"无聊死了"的叫喊哄下场要好受多了）。

"警告"是裁判脖子上挂着的喇叭发出的"叭叭"声。在我买喇叭之前，"警告"是用一张零分卡表示，但相较于"叭叭"声，被给零分会感觉更像"被老师教"。（裁判也可以以挥手灭灯的方式结束表演，灯光师或团队成员也可用挑选合适时机这样做。）

即使是经验丰富的演员也有反应迟钝，灵感枯竭的时候。我们的演员有时会在一次糟糕的演出结束后冲进休息室说："怎么没人按无聊喇叭，我们需要它！"（好像他们不能自己结束那无聊的一幕）但也有一小部分人喜欢成为关注的焦点。

他们并不在意自己是否乏味。我听到过有人说："我是个表演者，为什么我要考虑观众在想什么？"（我有点好奇他性生活怎么样。）

这样的演员会抱怨说，在观众感到无趣之前，无聊警告就已响起（或者灯光渐暗），但是难道可能会有更好的时机吗？如果一个场景被无理地按喇叭，观众会愤怒地嚎叫，这样就把他们和演员们联合起来反对裁判（这很好！），而自私的演员们会抱怨"不公平"。

"没有裁判会永远是对的"我说"而且即兴剧场运动会™不像是学校，人们不会因为被视为是正确的而就会受瞩目的。毕竟你们并不是在暴风雪中被扔在了荒原上。"

"但你难道不了解这样的警告对观众产生什么样令人沮丧的效果吗？"

"如果演员像丧家之犬一样偷偷溜下台，那的确会。但如果演员们被轰下台时能保持自在的态度，这将非常感动人。"

"如果你是想要保持尊严，为什么要来玩即兴呢？"如果处理不当，警告的确会很残酷，但若运用妥当创造出的是慈悲。观众们会敬仰那些被轰下台还保持乐观的演员。

坦然接受警告。
我知道至少有一个团体用"这只是表示演员没机会看到演出的结局了"这个说法来减弱警告的意义。这样的说法与运动的本质相抵触，观众希望看到拳击手被打倒，快艇翻船，即兴演员被明确告知他们的演出失败了。无聊就是无聊，而很多表演开始20秒之后就无聊了（已经陷入无可救药的愚蠢了）。

很多团体宁愿直接取消警告这个规则，也不愿花5分钟学习如何以幽默的态度面对被否定的时刻。

另一种令人不满足的做法是，给所有的演出都加上时间限制，有时候甚至短到1–2分钟（这样无法令人满足因为演员应该学着自己创造一个结尾）。我甚至听说有的演出的宣传词中写道"没有超过90秒的场景"，如果整场演出只有15分钟长那或许是可以理解，但为什么要扼杀一些明明还很有潜力与能量的演出呢？可能软弱的裁判会允许无聊的场景无意义的拖延，那90秒的规则会是绝望中的一线生机。

早期我们为了保护演员的感受会让一支队伍被警告三次后再下台，而且所有的警告必须是一致通过的。后来我们改为警告两次后请他们下台。最终，经过多年的尝试，我们认为把无聊的演出终结比公正更重要。因此现在任何一个裁判都可以随时中断任何演出（且不需征得同意），尽管如此还是有些无聊的演出会被允许持续上演，因为有些裁判宁愿无聊到玩喇叭，也不愿动手摁喇叭。

现在我们有了所谓魔鬼裁判（一些坐在观众席后排的即兴演员，见第324页）他们觉得无聊的时候可按一个按钮。裁判脚边以及灯控室内会亮起红色的"地狱之光"。官方裁判们可以选择忽略它，但明显无法那么无动于衷了。

我可以发明很多不那么明显的方式来让演员离开舞台，比如在"喜剧沙龙"里，喜剧演员在吧台后方的一幅画亮起时必须离开舞台，但我希望这个警告是直接而明确的。因为我实在是厌倦了欣赏剧场的观众说"我还算喜欢这场演出"，彷佛像是在讨论一颗可疑的蛋。

**即兴剧场运动会™细节**

这种概念的确很先进,那些受过不良训练的老师们会抓不到这个概念的重点。他们学习到的是避免失败,而不是以健康的方式去接受与处理失败。或许这一点也不令人惊讶,年轻人比成年人更容易面对无聊喇叭、监禁篮子以及一般来说任何的失败。

Keith Johnstone《Impro For Storytellers》第11页

如果一支队伍被喇叭轰下台,切记要保持自在的态度。专业演员很有可能会表达愤怒或怨气,但没人会欣赏这样的态度,也没人想在演出结束后邀请这样的人回家。

**一个训练愉快地接受无聊喇叭的练习**

》当我教给人们无聊喇叭时,我会使用这个我发明的小练习。邀请3个人来当裁判,其他人站到舞台的一边,"你们两两上场表演。喇叭会随机响起,让我们来练习愉快自在地回应喇叭,当你听到喇叭响就表现出开心的样子。如果你表现出很烦或者生气,你就要留在原地再试一次,甚至更多次。因为有时候我们不知道观众怎样看待我们的表情。"然后我会坐在三位裁判后面,我可能随机拍他们去摁响喇叭。有两名演员走到台上,我们会突然响起喇叭,如果他们面露悦色,我会说:"谢谢,下一位!"另外两位演员上场。如果他们面露不悦,我会说:"你看起来有点生气、惊恐或恼火。请再试一次!"然后他们便换一个场景。

我的目标是让喇叭响得随机无序。我会趁着他们以为不会响起喇叭的时候摁响,因为这样可以得到真实的反应。我有时让剧情发展,然后突然在演员走动、开场白后响起喇叭;又或者一直拖,直到演员希望我响起喇叭。如果三位裁判做得不错,我不会打断。我的角色是减少他们的压力,并给予支持。

通常人们能变得对于愉悦和负面接受喇叭的不同,非常有意识。他们也会了解到,按喇叭不是一件容易的事,对裁判也就有更多的理解。

然后,我会从练习随机按喇叭,转而练习在适当的时候按下喇叭以拯救演员。

用练习单字接龙中加上"再来一次!"作为以上练习的前导训练,是不错的方式。《 Patti Stiles

Impro Melbourne – 澳大利亚
由Mark Gambino提供

Courtyard Playhouse – 迪拜,阿联酋
由Tiffany Schultz提供

Impro Okinawa – 日本   由Kudaka Tomoaki提供

## 篮子

裁判可以惩罚演员暂时禁演,禁演时需在头上套个篮子待2分钟(只要他们愿意,一般会将他们送到观众看得到的灯光暗区,但又不会影响场上的演出)。虽然只是示意性的惩罚,但它仍能增加比赛的权威性和竞争性。同时也允许并支持着演员们在没有自我创意审查的状况下演出。

当他们说出或者演出令人不舒服的内容,就会被处罚。通过使用这种惩罚,观众会觉得冒犯到他们的表演者已经被处理了,从而避免了潜在的尴尬。

禁演的篮子通常被判给一个"粗鲁、粗俗或冒犯人"地脱离了故事内容的演员。裁判需要随机应变地提出处罚,例如,一个不断做出不当行为的演员就会被处以篮子禁演。甚至有一次,非常罕见,一位观众因为不当的语言而被罚戴篮子。甚至曾有过观众主动要求要使用篮子。那是一个非常自然的反应,且让当晚的经验更佳丰富。

观众常常被邀请主动要求裁判行使篮子处罚。他们喜欢这样,并且增加了直接参与的机会。但如果在演出中加入这个规则,注意要提醒要求篮子处罚必须在一幕表演结束后。

有些剧团会让观众们在场景表演过程中喊叫并往台上扔东西。这是愚蠢的,在这样的环境下要展现出好的作品的可能性几乎为零。这样的干扰吸引人注意形式多于真正的戏剧表演。同时,舞台灯光会让演员无法看清飞来的物品,这样是危险的。

Theater Anundpfirsich
瑞士,苏黎世, 由Mike Hamm提供

## 积分和计分卡

有裁判的比赛中,每位裁判座位上都有5张大卡片(大约膝盖那么高,足够让坐在最后面的人也看清)。每张卡上正反面都有巨大的数字,从1到5

一幕戏一结束,裁判马上向观众和播报员(以及记分员)举牌示意,得分相加后记录在记分板上。

Quadrifolli
意大利,米兰
由Gippo Morales提供

The Theatre of now.
Dan O'Connor
LA Theatresports™
美国,洛杉矶

Keith Johnstone《Impro For Storytellers》 第10页

"想象一下,土豚队刚演了一个不怎么吸引人的戏,有请裁判打分。"每个裁判都举起了1分的卡。
"但如果这段表演只值1分,为什么我们还要看它?要记得把无聊的演员用喇叭轰下去。不要让他们滔滔不绝。"

即时演出已经被喇叭叫停，裁判们还是要打分。这样的话，如果观众不同意裁判的意见，可以把握机会表达愤怒；如果他们支持的队伍得到合理的分数时，也是个可以欢呼的机会。

当单挑或者以团队为单位互相挑战时，裁判每个人都伸出胳膊并一个手指指向天空。然后同时落下指向他们认为赢了的那个人或队伍。

一场丹麦的演出打分数时，是由观众为这轮演出中他们最喜欢的队伍欢呼。当两支队伍都完成了表演挑战，播报员会邀请观众喊出他们喜欢的队伍名。获胜队伍得5分

Keith Johnstone《Impro For Storytellers》第9页

> 我让他们想象肥猫队表现得不错。每个裁判都给出了3分。"但如果演得好，为什么没有两个4分呢？不要害怕因为给分高了而被批评。"

## 公平性

世界上有些团体的裁判常会想方设法让得分较"平均"。不管对演出娱乐效果的影响如何，让团队获得平等的分数这一想法，已与即兴剧讲究诚实的特色有所冲突。

当裁判尝试通过人为的控制分数来制造戏剧效果，观众会发现并且感觉被耍了。当观众看到一支非常优秀的队伍与一支整晚都在挣扎的队伍打成平手时，会觉得被欺骗了。弱队的演员们也会觉得很丢人，如果他们反而赢了的话就会感觉更糟。

重要的不是让局面"公平且平衡"。更重要的是训练演员们保持正面的状态来面对失败（并以同样的态度面对成功）。

## 挑 战

Loose Moose 剧场
加拿大，卡尔加里
由Breanna Kennedy提供

○ 提示：Keith鼓励简单有效的主题。练习只用尽量少的几句话来设置你的场景或游戏，然后尽快开演。

不妨来深入讨论一下如何塑造好的挑战以及何种挑战对整场演出最有利。记住即兴剧场运动会™是一种充满多元性的表演。如果每段演出都是特定的时间以及类似的情绪，演出将无法持续的吸引观众下次再来。对此，Keith有建议如下：

Keith Johnstone《Impro For Storytellers》第13–16页

> 提出挑战：保持一种正式感。挑战应该看起来是重要的。（如果演员都不能严肃对待，那观众也不会认真。）讲解要简洁。大多数的挑战都是不言而喻的。如果你忽略了一些重要的东西，比如抢帽游戏中"伸手但没抓到"代表输了，播报员或裁判可以再澄清这条规则。

许多团队只愿挑战游戏（并且是相同的游戏），但意外和前所未有的挑战使玩家保持警醒。新奇的挑战像拼字游戏、名人演绎、与观众演出、由其他团队导演的最佳场景。去冒险。那些看起来愚蠢的，难以理解的或重复性的挑战必须（在裁判的同意下）被拒绝。

一个团队可以说："我们反对！"裁判可以问："基于什么理由？"然后他们可以说："反对无效！"或"反对成立！"

一些团体想要拒绝"总是搞砸"的挑战（曾经有人拒绝"他说/她说"的游戏），但是如果我们避开每一个自己不喜欢的游戏，便永远掌握不了困难的游戏。问题不在于游戏本身，而是在于软弱的裁判允许无趣的表演一再拖沓。如果演员很无聊（当他们搞砸了一个游戏的时候），那就让他们下台吧。

好的团队会想方设法寻找新的挑战；例如：在黑暗中演出最好的一分钟广播剧（这给了我们的观众一个互相依偎的机会），用另一队选择的道具演出最好的一幕戏（在即兴剧场奥运会上，卡尔加里队选了一头活山羊），与一位观众志愿者一起演出（即兴初学者切勿尝试，因为观众必须受到爱与慷慨的对待，这需要技巧），演一个最好的民间故事（以观众志愿者演出英雄人物），演一个以悲剧结局的最好看的爱情故事、最好的借口、最好的谎言、揭露不公正事件、最好的报复、最好的逃脱、最富有同情心的一幕戏、将敌队演员作最佳利用（例如：作为科幻电影中的灯泡，作为家具、作为保龄球），最严肃、正面、真实、浪漫，甚至可怕或无聊的一幕戏（丹麦人在即兴剧奥运会上提出了一个令人难忘的"最无聊的圆满婚姻"）、家庭关系、感伤的场景等等。

优秀的队伍给自己设定如每一幕都邀请观众参与这样的目标，或者每一幕都使用胡言乱语。当队伍只局限于剧场游戏的挑战（而且是每周都相同的挑战）整个演出会变得单调而乏味。

游戏的目的是为了提供对比，应穿插在故事性的表演之间，或在类似"最佳的宗教故事"，或"最疯狂的场景"这样的挑战之间。

对多样性的需求：精彩的挑战有时是灵光一现的，但当没有灵感的时候，每个挑战可能看起来跟上一个都差不多。一个找工作的场景可能跟着另一个找工作的场景。一些团体试图通过发出模糊的挑战来解决这个问题，如"我们挑战你们一个使用身体技能的场景。"但这样会使即兴剧场运动会™远离了运动会的感觉（因为队伍之间没有那么直接的比较）。

在观众位置的队伍这时可以假装慌张地大叫"看书！看书！"以避免这样的问题，然后跑去看一本记录了备用挑战的笔记本。如果你创造出了这本书，不妨把不同的挑战分类列举，口语的挑战，肢体的挑战，单人的挑战，诸如此类的。

挑战时间：有些团队希望每一幕都有6分钟长之类的，但这会限制可能性。还有些人认为能坚持15分钟的演出比只有30秒的好。我曾看过一场没有任何一幕令表演者愉悦的演出，但他们都挣扎着坚持要让每一幕有6分钟长。此时还不如直接说："太烂了，我们重新开始吧！"

避免"自我设限"：若非必要，不要宣布会发生什么，这样会给自己挖坑。比如，如果播报员说"现在是最后的挑战"，结果场面非常沉闷，那裁判就很难再加一场挑战了。另一个例子是：导演指示了一个戏剧化的场景，并过份执导说"你只能说三个字的句子。"
这种指示最好在演出过程中，有必要时再出现。

退回：在裁判同意的情况下，一项挑战可以被退回。这样的退回增加了多元性，并让观众回家路上有话题可聊。典型的拒绝可能是"我们要退回这个挑战，原因是每个人都感到厌烦了。"或者"我们觉得这个挑战太模糊了"或者"我们要退回这个挑战，除非他们可以把挑战的内容说得让大家更明白"又或是"我们刚刚两幕都是用诗表演，真的有人希望接下来两幕都是关于唱歌的吗？"如果一个挑战被退回了，就必须提出新的挑战，如果还是不行，裁判需要提出一个他们认为可行的挑战。

\* 即兴剧场运动会™细节

裁判也可以否决。他们可以说"我们反对这个游戏！"（并给出理由）；或者他们可以给出提示，例如："如果你想拒绝这个挑战，我们很高兴支持你！"

拒绝永远不该自动被接受，如："我们挑战你们演一场有胡子的表演！"
"我们拒绝！"
"为什么？"
"因为你们有胡子但我们没有"
"反对无效！"

没错！毕竟胡子刮得干干净净的队伍可以戴假胡子，或者科学家可以发明强效生发剂以至于特警队必须剃掉胡子才能找到他。

当一支队伍中有三个成员都被套上了惩罚篮子（很少见的情况），第四名队员退回"最好的四人地位顺序"的挑战。此时可以给出反对无效，因为观众会很高兴看到一人分饰四角。（或跟三个观众一起演。

愿意配合的演员会同意演对他（或对我们）而言没什么意思的挑战，但拒绝总比相互毁灭要好。

当其他队伍演出时，不要把所有的时间都用来跟你的队友讨论该如何应对。仔细看他们的表演，相信你们之中会有人站出来告诉观众你们将如何应对。
**Tom Salinsky – The Spontaneity Shop**
英国，伦敦

Keith Johnstone《Impro For Storytellers》第8页

肥猫队赢了掷钱币，其中一个队友嘟囔着"要不要演一个主仆的场景？"
我说"你年轻又健康，你又没有残疾。你要走到舞台的对面，清晰而又正式地发出你的挑战：'我们，肥猫队要战队你们土豚队，最好看主仆故事！'不止要对方听到你的声音，更重要的是要唤醒观众的注意力。要清晰有力。在决斗前忘记哈姆雷特式的纠结不安吧。"

## 颁奖

在举办即兴剧场运动会™时,对于给获胜者的奖励必须十分谨慎。最初,即兴剧场运动会™艺术节颁发的奖杯,是用剧场内找得到的各种物品所制成。Keith认为奖品应该是无足轻重的,而非鼓励让竞争变成真的。他甚至告诉艺术节参与者,他们应该全都回到自己家乡的剧院去宣称他们赢了比赛,并且主办单位在对方城市媒体来店确认时,都应该证实这一点。

演出的重点应该是合作在一起并激发彼此的灵感为观众带来难忘的夜晚。如果增加了奖项的价值,会真的增加竞争性,并且开始破坏团队合作和自在良善的游戏精神。

### 挪威轶事

 在挪威,国家即兴戏剧节曾宣称要评比国内最好的青年即兴戏剧团队并为获胜者颁发数千元的奖学金。多年来,这个戏剧节以乏味的作品和缺乏即兴精神而闻名。队伍们对竞争这件事认真了,于是缺乏了良善的态度。

现在这个戏剧节有了新的面貌,他们依旧提供奖学金,但现在评审团用其他标准来评量。现在他们看重游戏中的相互支持,团队之间如何与彼此合作,团队来自哪里且谁会因这笔钱获得最大的帮助。他们甚至会把奖金分配给符合资格的不同队伍与演员。

Helena Abrahamsen, 奥斯陆

## KEITH的建议

Keith Johnstone《Impro For Storytellers》第12页

我的一些建议是:
- 找一个在演出无趣时会把你轰下台的裁判。
- 在你知道自己在干什么前,就在公开场合演出。
- 尽量让第一场演出的时间短一点(当你缺乏灵感时,10分钟已经足够,感觉可能会像一个小时那么长)。
- 搞砸的时候也要保持幽默。
- "舔伤口";练习技巧;再次加入。

如果是在学校,当众演出可能意味着在其他班级面前表演,或者在午休时,或者与另一个学校对战。

Steife Brise - 德国,汉堡
由Klaus Friese提供

Loose Moose剧院
加拿大,卡尔加里
由Deborah Iozzi提供

Loose Moose剧院
加拿大,卡尔加里
由Deborah Iozzi提供

# 注意细节

## 舞台设计

不止是在即兴剧场运动会™，舞台设计是支持辅助演员和演出的艺术，通过道具、家具、服装等物品强化场景氛围。即使没有实质性的布景或舞台设计工作人员来布置它，为即兴演员准备些道具、帽子、服装、长条气球等也是很好的。

**一些关于场景布置的例子：**
- 当现场创作场景需要时为其布置一个客厅或办公室，（三把椅子盖一块毯子作为沙发，如果没有桌子可以用箱子代替等等）。
- 加入额外的角色能为一个餐厅或是考古挖掘现场的场景增色许多。
- 把演员简单的抬高以示意他们在飞行。
- 改变场景的物理视角，通过创造一个用手指让怪物践踏的小村庄来增强叙述。

Loose Moose剧院
加拿大，卡尔加里
由Kate Ware提供

在 Loose Moose剧院，舞台设计因即兴表演者Tom Lamb和Shawn Kinley而得到了巨大的发展。因为他们加快了布置效率，并用后台的小道具组合在舞台上创造更生动的场景。Shawn说："当我们看到即兴演员因为我们提供的东西而灵感焕发时，我们感觉很好。"

舞台设计是即兴创作的导师。舞台设计师总是在想方设法为演员提供帮助以提升整体的演出效果。这些对即兴演员来说都是很有用的技巧。

并非所有的剧团或公司都有很多道具，所以舞台设计师应该充分利用手头现有的工具来开发道具。
以下是一些建议：
练习"舞台布景箱"（一个简单的箱子或箱子里装满了可折叠和适应性强的物品，可以让它看起来像是你实际拥有道具的10倍。一块纯色的布可以成为斗篷、屏幕、河流等等，雨伞可以当树、雷达、盘子等等）通过精选道具，你不需要很多储存空间。
练习哑剧技巧，并使用肢体语言表现必要的元素和人物性格。
练习将可用的环境因素带入到其他场景中。

以Keith设计的那样去演出即兴剧场运动会™。
**Dennis Cahill，Loose Moose 剧院，加拿大卡尔加里**

Keith Johnstone《Impro For Storytellers》第5页

只要有可能我会在演员周围布置一堆破烂、高尔夫球车、床、床上用品、轮椅、甚至一艘可以在舞台上划的船等等。
在巡演中，Theatre Machine经常会突袭道具室，借一个像维也纳歌剧院里巨大的笼子（然后不用它）。
舞台布景是由"场记"完成，他们潜伏在后台准备在西部场景中滚过舞台，或是用塑料布遮住椅子营造天堂的氛围。为了建立一个凶杀现场，他们会将地毯卷成一个尸体的样子，或在舞台上放置黑色梯子当作铁轨，或是站在舞台对面举篮子来营造健身房的场景。有时还会现场召集观众上台，我有一次甚至看到为了让演员扮演猎人涉水穿过沼泽去打鸭子的场景，召集了50个人冲上台躺倒发出吮吸声。

# 笔记

演出结束后,Keith通常会针对演出给一些笔记。这些笔记是演出及演员个人表现的重要信息来源。

笔记涵盖了每一幕场景和整体演出。重点包括:
· 观众能否听到演员的对白?
· 演出中是否有充足的变化,或者是否有连续三幕都是关于约会的场景?
· 演员站在灯光下了吗?
· 一场戏的演出是否有按照计划进行?它失速了吗?
· 裁判有没有用无聊喇叭来承担足够多的风险?
· 演员对参演的观众友不友好?诸如此类。

**试试这个:**
· 演出结束后大家坐在一起。
· 回顾一下有演了哪些场景和技术元素。
· 简单分享反馈,但不要讨论。
· 找一个能点出演员在舞台上做对或者做错什么有自己观点的人担任导演,来教育演员和他们的伙伴。例如:若某个人让场景发光或独揽全局,这必须成为这场演出笔记的一部份。否则,给笔记时间就会变得只在回顾整场演出而无建设性。这层忽略来自很多即兴剧场运动会™的团体,并且可能因此阻碍了他们自己的成长。

要了解你将听到一个人对于演出的看法。被给笔记并不意味着是对或是错,那只是一种看法而已。笔记要简单有效的,并且不做过多的讨论。他们应将注意力摆放在发生了什么,而不是演员"希望"什么发生。评论的措辞旨在提供信息和观点,不在指控或责怪谁,而是仅精要地点出一个现场即兴工作它是如何奏效或是如何搞砸的。两小时的演出只需要15分钟的小结。

找个专人坐在前面负责引导这个环节。必要时带动讨论。

讨论笔记可随时随地,但不在给笔记的时候。那会花太多时间,而且花太多时间会产生不好的感觉。

## 接收笔记

有些人的反应像是他们的自尊被粉碎了般,但大多数人很快就明白这些笔记是为了改善演出和提升自己的水平。

记住这些笔记是为了接下来的合作能演得更好。这些笔记是对事不对人的。

Keith Johnstone的速写

Det Andere Teatret – 奥斯陆,挪威
由Nils Peter Mørland提供

Stage Heroes – 新加坡
由Hyperfrontal Productions提供

Teatro A Molla – 意大利,博洛尼亚
由Gianluca Zaniboni提供

※ 注意细节

## 游戏列表

Unexpected Productions,美国,西雅图

在教授这种形式时,有些导师会觉得教学生游戏就是在教即兴戏剧运动会™。这与事实相去甚远。游戏是用来调整对表演者和他们的场景的成功有害的行为。

游戏可以是有趣同时也有利于演员成长的。当这一课产生了影响,演员更容易放下对安全感的依赖而愿意去冒险。

有许多不同的游戏,比其他一些有用得多。有效的游戏训练即兴者的支持、仁慈的行为、接受风险和失败。有效的游戏也训练说故事的技巧。无效是指那些会让表演者养成诸如断开与彼此的连接并破坏故事的坏习惯的游戏。小心那些只是口头或脑筋急转弯的游戏,或是鼓励竞争和不良情绪的游戏。观众可能会笑,但问问自己"他们为什么笑?"随时检查是否所有演员都在享受这个体验。

《IMPRO FOR STORYTELLERS》中包括了那些有助于发展即兴技巧、说故事能力的游戏和练习,以及即兴剧场运动会™背后的精神

许多团队善于在熟悉游戏规则后就将游戏复杂化。其实简单优雅的游戏能帮助即兴创作者完成一系列复杂而精彩的跳火圈般任务。
Shawn Kinley – Loose Moose剧院,加拿大,卡尔加里

我们建议看看Keith的书并进行以下练习:

· 送礼物 第58页 训练
· 一人一字 第131页 训练和表演
· 接下来是什么? 第134页 训练和表演
· 三字经 第155页 训练和表演
· 每句一字 第155页 训练和表演
· 帽子游戏 第156页 训练和表演
· 做鬼脸 第162页 训练和表演
· 配音 第171页 训练和表演
· 死亡游戏 第183页 训练和表演
· 赋予游戏 第185页 训练和表演
· 定格游戏 第186页 训练和表演
· 猜词游戏 第187页 训练和表演
· 没有S 第188页 训练和表演
· 没有......的场景 第189页 训练和表演
· 支线场景 第189页 训练和表演
· 好的,但是 第190页 训练
· 合理化姿势 第193页 训练
· 他说/她说 第195页 训练和表演
· 身体动作 第200页 训练和表演
· 胳膊 第202页 训练和表演
· 声音场景 第208页 训练和表演
· 让观众无聊 第211页 训练和表演
· 壁纸戏剧 第212页 训练和表演
· 胡言乱语 第214页 训练和表演
· 姿态 第219页 训练和表演
· 聚会游戏 第223页 训练和表演
· 国王游戏 第237页 训练和表演
· 主仆游戏 第240页 训练和表演
· 慢动作评论 第241页 训练和表演

Courtyard Playhouse – 阿联酋，迪拜 📷 由Tiffany Schultz提供

# 总 结

## 结语

即兴剧场运动会™诞生于一种渴望在公共剧场活动中充分吸引观众的愿望。当然,这个愿景从来都不是主要目标。随着这个概念的成长和发展,越来越明确了要有持久的价值,我们的生活和观众的自身经验就要在现场反映出来。场景才是成为即兴剧场运动会™演出的重点。

当表演得当时,有证据证明内容比形式更重要。正因为即兴剧场运动会™是如此宏大的仪式,所以我们更应该努力把注意力集中在展现故事。在一场演出中,为造作团队欢愉荒谬的欢呼,可能会被强烈而诚实的情感美妙地代替。

一旦气氛热闹起来,安静的时刻就有了更多的意义。当你让他们笑了,那么你也有机会拨动他们心弦,让他们流泪或者只是让他们听。

---

### 日本轶事

 当晚最后一个场景是两队之间的决胜局。在其他国家,可能选择的游戏是押韵场景,因为日语中的语法独特,这个可能不适合。于是,他们表演了"俳句中的最佳场景"。结果,非常凄美,观众席有摒息和叹息声,演员也明显被触动了,甚至那些听不懂俳句的人都觉得经历了简单而精彩的事

Steve Jarand

---

Harlekin Theatre 德国,蒂宾根
由Hartmut Wimmer提供

 欢迎来到iTi社区,祝你有一段愉快的即兴剧场运动会™之旅!

## 更多资料:

**《Impro》(Methuen) – Keith Johnstone**
介绍即兴戏剧的起源与发展。

**《Impro For Storytellers》(Faber and Faber) Keith Johnstone**
介绍即兴戏剧运动会™这种形式,背景及如何演出的关键,也介绍了凯斯的其他形式的场景、游戏、练习等。

**ITI简讯**
这是一个分享文章、资源和故事的线上月报。

**Theatresports.com**
在"资源"里选择–Keith Johnstone新闻(密码保护)。有几期专门讲即兴剧场运动会™。
您也可找到:推荐导师名单、视频、书籍、文章、指南及翻译。

**Theatresports™ Handbook APP**
可在App Store上下载。

**如有问题:**
admin@theatresports.org
或可联系您所在区域的代表。
theatresports.org/board-members-contact-us

www.ingramcontent.com/pod-product-compliance
Lightning Source LLC
Chambersburg PA
CBHW061155010526
44118CB00027B/2980